등을 돌리면 그리운 날들

이 명 수 시 집

등을 돌리면 그리운 날들

도서출판 푸른숲

自敍

　겨울 찬비가 신갈나무 숲을 적시고 있다. 하늘다람쥐
도 보이지 않는다. 갑사(甲寺) 오리숲 길엔 정직한 나무
들이 부끄러움 없이 알몸으로 서 있다.

　세상의 번거로운 것들과 결연해 살 수 없다는 이유만
으로 나는 시를 쓰지 못하는 밤을 지새기도 했다. 그러나
횔더린의 말을 빌리면, "인간은 시적으로 지상에 거주한
다."고 하지 않는가.

　더 이상 아무것도 할 수 없다고 생각될 때 무엇인가를
해야 한다면, 산촌의 외딴 집을 끼고 저녁 어스름이 먼저
찾아오는 이 시간, 나는 작고 여린 떨림과 눈물어린 숨결
을 잡아 시를 쓰리라. 네게 보내는 따뜻한 편지와 같은
시를.

　사람의 마음을 여는 악(樂)과 같은 시를 쓰고 싶다. 시
를 쓰는 지상의 시간만이 나를 사람답게 하리라.

1998년 1월
계룡산 자락 왕촌(旺村)에서
이명수

차 례

1 남겨둔 꿈

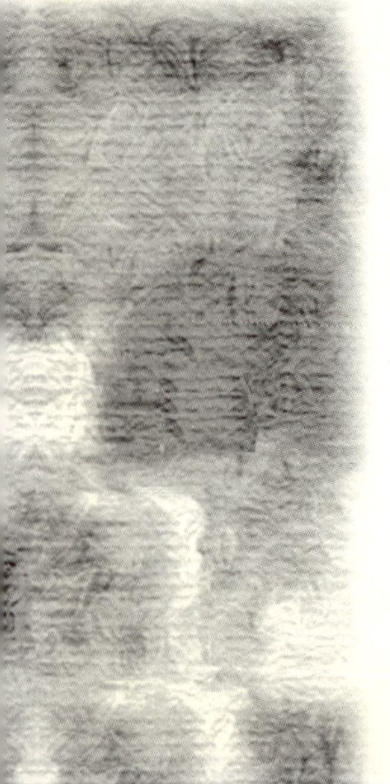

2 우리들, 사랑이 불안하다

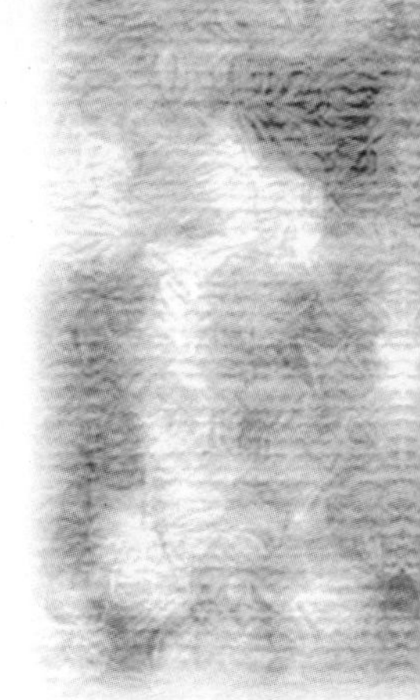

3 바람 기행시편

4 왕촌일기

5 떠나는 법, 떠나보내는 법

1

남겨둔 꿈

바다는 지금 무섭게 달려와

모래밭을 삼켜버리고

발 밑에서 소리친다

허망한 일이다

아름다운 날의 덧없는 기쁨도

파도로 짓는 시간의 모래성일 뿐

〈다시 강문(江門)에서〉 중에서

독(毒)

독거미는 독(毒)을 먹고 산다
마음 자르는 비수 하나
품고 산다
독은 일용할 양식이지
독은 독(獨)이야
물을 마시고 술을 마시고
독을 만들 거야
아름다운 죄
아름다운 독
독을 품고 독을 먹고
한겨울 순하게 살 거야

안동기행
―뿌리는 어둠과 고통 안에 있고 꽃은 광명과 화평 위에 있
다. 그러나 뿌리 없는 꽃병의 꽃은 금시 시들고 만다

사람을 찾아갔다
사람들이 떠난 마을에 살아남은
사람들을 찾아갔다
안동군 길안면 용계리
은행나무 한 그루 750년을 살고 있다
길이 끊기고, 인적이 끊기고, 전기가 끊긴
임하댐 수몰지구
사나운 물줄기들이 갇힌 채 가을볕에
잦아들고 있다
사람들은 어디로 갔을까
산 속으로 물 피난을 간 십여 가구
안동 권씨 약계 후손들이
반딧불처럼 반짝이고 있다

족보를 싸들고 신주를 껴안고
약계정 정자를 떠메고 온 토박이들
인간의 근본에 관해, 뿌리에 관해,
750년 묵은 용계리 은행나무의 생명에
관해 이야기했다
나무 한 그루를 옮겨놓기 위해

23억 공사비가 들었다고 했다
그러나 땅을 부쳐살던 농투성이,
생강장수, 키장수, 소장수, 땜장이,
각설이 패들은 빈 손으로 떠났다고 했다
뿌리란 무엇인가
뿌리내린 은행나무의 삶과 뿌리뽑힌
인간들의 삶에 관해 생각했다

사람들이 떠난 공화국, 그 자리를 차지한
잡초들의 나라, 물의 나라를 두고
나는 떠나왔다
아득히 뻗어 올라가 어디쯤 어둠과
고통 안에 살고 있을 나의 뿌리를 그리워하며

서울 백수광인(白首狂人)
― 유다여, 돌을 던져라

어느 날 건너편 숲에
불이 켜졌습니다
갑자기 환해지면서
아카시아 잡목 숲이
온몸을 드러낸 채
떨고 있습니다
거대한 물체가 하늘 사다리처럼
솟아올랐습니다
골리앗, 골리앗 크레인
저놈이!
재개발 아파트 철골을
세웁니다
아래서부터 금을 그으며
철벽을 쌓아갑니다
이제 바라볼 숲은 없습니다
대낮처럼 불을 밝히고
나의 밤을 감시합니다
그냥 바라만 볼 수는
없는 일입니다
골리앗, 골리앗 덤벼라

불을 켠 골리앗의 눈을 향해
돌을 던졌습니다
힘껏 돌을 던졌습니다

서울 백수광인
— 밤섬

가을입니다
섬 하나가 보입니다
그러나 고립된 섬, 아무도
가려 하지 않는 나라입니다
밤이면 도시의 안개들이 몰려와
안개성을 만듭니다
그 섬이 그립습니다
누군가 야음을 틈타
강을 건너갑니다
그 위로 불을 켜고 차들이 달립니다
대한생명 63빌딩이 불을 켜고
무슨 신호를 보냅니다
술병을 옆에 차고 강을 건너간 것이
확인되었습니다
그러나 그는 보이지 않습니다
그후로 그는 '행불자(行不者)'로 처리되었습니다
하지만 그는 지금도 그곳에
꿈같이 살아 있습니다

안현포구

한 며칠 술에 젖어 살다
길을 떠났다
나무 십자가들이
비에 젖어 서 있다
길을 버리고
벼랑에 서면
사십대의 막막함이
소금꽃으로 피어오르고
방파제 너머
젖은 길만 따라온다

아들에게

목수는 집을 짓되 집이 되면 집에서 떠난다. 어느 나라 대통령은 집에서 나와 떠도는 이들의 집을 지어주는 목수가 되었다. 빛나는 생애가 지은 허물, 그 수를 헤아려 집 없는 이들의 집을 지어주었다. 그러나 세상엔 집짓기를 자신의 소원으로 바꾸는 이들이 더 많다. 세상의 집들을 자신의 집으로 바꾸는 그런 사람도 있다

아들아 목수가 되어라
땅 위의 영광
하늘의 축복을 빌어
집을 짓는 목수,
집이 되면 떠나는 목수가 되어라
네 안에 집을 짓는 목수,
마음 안에 집을 짓는
소목장(小木匠)이 되어라

섬불 맞은 사슴을 울러보내라
― 영산홍

우린 사진을 찍었다
김(金) 시인이 목발을 짚고,
둘러앉아 웃어 보였다
영산홍 꽃그늘 아래서
안성약주를 마셨다
김 시인의 잘려나간
다리에 관해, 시에 관해
얘기를 했다
'몸으로 시를 쓰는 것은 아니잖아'
봄밤이 깊어지도록 술을 마셨다
'시의 밑천은 눈물이고 슬픔이잖아'
마음이 아팠다
'시는 마음으로 영혼으로 쓰는 것'
영혼이 울듯
누군가 영산홍 꽃그늘 아래
소리 죽여 흐느껴 울고 있다

가은에서

어느 먼 지층에서
무연탄과 사람이 실려온다
점촌 혹은 문경선을 타고 온
캄캄한 것들
몸을 털고 일어나
가은역전을 빠져나간다
너의 잠 혹은 나의 까만 꿈
누군가 가물거리는 불빛 너머로
무슨 신호를 보낸다
그가 켜든 손전등 불빛 끝
돌아오지 못한 사내의 옷자락이
밤의 수면 위로 떠오른다
지상의 막장 같은 밤에서 잠을 청하는
가은역전에서의 일박
나의 얼굴도 떠오르지 않는다

등을 돌리면 그리운 날들

새벽 빗소리에 깨어서
편지를 쓴다
너는 습관처럼
허리춤에 손을 묻고 바라보겠지
속으론 감춰 둔 상처들 돋아나
비명을 지르다가
아무렇지도 않게 떠나지만
노을 속 휘젓는 갈대 같은
너의 찬 손
가시박힌 너의 발뒤축
울지 마라
사랑으로 울지 않은 이가 있더냐
아직도 뿌리는 따뜻하다
아득한 꿈은 따뜻하다
등을 돌리면
기억의 틈 사이를 비집고
솟아나는 깽깽이풀 하나
근심하지 마라
겨울에도 꽃은 핀다

공주(公州)에 남겨둔 꿈

공산성(公山城), 그 자리에 앉아 생각한다
쥐똥나무 가지 끝 어른거리는
물빛 사이
30년을 돌아와 다시 생각한다
아픈 자국 굽이굽이
지난날 역정이 무엇이었던가
연미산 시린 달빛이 내려와
묻는다
하나 둘씩 쌓아올린 것들이
무엇이었던가
곰나루 저녁 바람이
등을 어루만지며 묻는다
행복해지기 위해
떠나보낸 것들이 무엇이었던가
오늘은 얼어붙은 백제 땅
한 끝에 앉아
묻고 또 묻는다
내가 여기에 남겨둔 것은
무엇이었던가
캄캄한 밤의 노래

그것은 남루한 꿈으로 엮은
사랑의 말이다
한 생애가 놀빛으로 흔들리는
이 강가에서 다시 불러볼
너의 이름이다

타박네야

아이가 간다
해거름 이슬 차고 산으로 간다
　　타박타박 타박네야
　　너 어드메 울고 가니
　　우리 엄마 무덤가에
　　젖 먹으러 찾아간다
아이들이 간다
고창군 봉암초등학교 선운분교
내를 건너 아이들이 산으로 간다
　　물이 깊어 못 간단다
　　물이 깊으면 헤엄치지
　　산이 높아서 못 간단다
　　산이 높으면 기어가지
물이, 산이, 짐승이, 그것은 무서운 게 아냐
사람이 사람을, 사촌 언니가
젖먹이 동생을 유괴한 게
어젯밤의 일이야
조심해야지
　　잠자리 꽁꽁 꼼자리 꽁꽁
　　이리 오면 살고 저리 가면 죽는다

진달래꽃 따먹던 그 봄날
동네 뒷산에서 아이를 유괴한
문둥이가 있었다
미당의 시에서도
애기 하나 먹고 꽃처럼 붉은 울음을
밤새 울었다고 했다
그러나
빈 산에 혼자 남아
달빛에 젖고 있는 지금
나도 울었다
사람 때문에
상처 때문에

다시 강문(江門)에서

비어 있을 때
그대는 바다처럼 가득히 다가왔다

여기쯤일까
조명탄 쏟아지고
서치라이트 해안선 따라 뒤쫓던 날
두 마리 짐승처럼
모래밭에 얼굴을 묻던 밤바다
잡초처럼 몸을 누이던 밤바다
여기쯤일까
모두는 물로 지워지고
문득, 그대 밤바다
여기쯤일까

강문횟집 앞
바다는 지금 무섭게 달려와
모래밭을 삼켜버리고
발 밑에서 소리친다
허망한 일이다
아름다운 날의 덧없는 기쁨도

파도로 짓는 시간의 모래성일 뿐
참회하라
그대는 모래알이다
그대는 물이다
벼랑 아래 아득히 부서지는 물보라다

실종

아이를 찾습니다
이름은 임진하
실종 당시 일곱 살
실종 장소 경북 영일군
인상 착의 및 특기 사항
왼쪽 눈 밑에 반달 모양의
흉터가 있음

88담배에 불을 붙이며
실종된 아이의 얼굴을 들여다봅니다
어디서 본 듯합니다
얼굴들이 빗살무늬로 흔들립니다

암사동 선사 유적지 근처를
서성이는 사내
여기에도 실종되고 싶은
한 사람 있습니다
행복한 실종을 꿈꾸는
시인의 가을이 있습니다

성(聖) 고난 주간의 고백(告白)

나는 사람을 속인 적이 있습니다
나는 돈과 여자를 탐한 적이 있습니다
남이 만든 말을 내 말처럼 뽐내며 말한 적이 있습니다
허나, 말할 수 없는 것 하나가 있습니다
하느님! 이것도 죄가 됩니까

가을 울렁증

잠시
사는 일이야 잊을 수도 있지만
하루 해 저물고 불빛들 우르르 몰려와
봄부터 붉어진 미친 단풍
더욱 붉어지면
가을 강도 덩달아 울렁거린다

사람 그리운 세상의 물가 어디쯤
오대천, 골지천 몸을 섞는
아우라지 나루터에나 가볼까
저무는 사십대 놀빛이 차례로 흔들리는
암사동 선사 유적지
빈집에 앉아
주먹도끼, 돌화살촉을 다듬다가
꿈을 꿀거나

취기에 광기가 더해오는
가을 저녁 이 울렁증
'떨어진 동백은 낙엽에나 쌓이지
잠시 잠깐 님 그리워 난 못살겠네'

노래 한 소절 불러도
목이 메는 이 강가에 앉아
누구에게 물어보랴
사는 일이 막막한 그 까닭을

2

우리들, 사랑이 불안하다

닦아내도 윤이 나지 않는

아득한 시간의 별들

흐린 시야 밖에서

너는 꽃처럼 떠난다

춥게 떠난다

〈오두막열병(熱病) 1〉 중에서

세종로의 눈

비천문(飛天文) 아래 세종로의 눈을 맞고 있다
15년 만의 눈이지

―떠남으로 눈물 지우지 않던 날이
　있었으랴
　네가 천의(天衣)를 나부끼며 떠나던 날
　나는 지상에 남아
　너의 옷자락 같은 눈발을 잡고
　허공처럼 바람 속에 떠돌았지
　어두워지면 너는 지워지고
　내일 일들이 예감처럼 박혀 있었지

내일 신문이 꽂히는
세종로 가판대에서
등을 돌리면 그리운 날들이
눈꽃처럼 매달려 있고
우린
이제 눈 속에 늙어 있구나

추워지기 전에 떠나야지

오두막열병(熱病) 1

봄 한가운데 엎드려 있다
꽃은 피었다 떠난다
꽃들은 시간의 별이다
아득한 거리
나는 오두막열병에 걸렸다
한나절 붉은 반점이
가슴에 불꽃을 달아놓았다
잠시 뒤의 우울
닦아내도 윤이 나지 않는
아득한 시간의 별들
흐린 시야 밖에서
너는 꽃처럼 떠난다
춥게 떠난다

오두막열병 2

봄볕은 아프다
메울 수 없는 그늘 너의 빈자리
어설피 술을 마시면 더욱 춥다
할로겐 램프를 켜도
너의 뒷모습은 비어 있고
봄볕은 아프게 떨린다
추워지기 전에, 추워지기 전에
떠나자

운주사(雲住寺)에서

천불산(千佛山)
천 년(千年) 계곡에
잠든 돌부처를 보라
기다리는 천 년 목숨을 보라
목 잘리고
팔 잘리고
들녘 풀섶에 손잡고
손잡고 누워 있는 사랑을 보아라

바람이 분다
남해를 휩쓸고 북상하는
태풍의 눈에 갇혀
저들처럼 손잡고
손잡고 하룻밤 우리도 이렇게 누워 있다

사는 일이야
잠시 참아내는 일이야
기다리는 일이야
하룻밤 얼굴 묻고 우는 일이야

울지 마라
눈을 뜨면
세상은 이제
눈물 도는 가을이리라

소리의 감옥

—지금은 외출중입니다
　‘삐’ 하고 신호음이 난 뒤
　용건을 남겨주십시오
소리의 감옥에
나를 가둬두었다
남산 육교 위
기계 병아리들이
라면 박스 안에 갇혀 있다
짧게 울리다 끊기는 신호음
—여보세요. 여보세요!
기계 병아리들이 운다

거리엔 바람이 분다
죽은 가수의 노래가 살아나
바람에 운다
—힘겨운 날에 너마저 떠나면
　비틀거릴 내가 안길 곳은 어디에
삐걱이는 목조 계단을 내려가
지하에서 술을 마신다
어설피 술을 마시면

봄밤은 춥다

지금은 용건도 없이
네가 보고 싶어지는
바람부는 봄
—여보세요. 여보세요!
신호음처럼
내 목소리도
네 자동응답기 속에서 운다

시간의 감옥
—1991년 봄

　　아침부터 진눈깨비가 내린다. 3월 8일, 인구 시계탑에
도 진눈깨비가 내리고 — '출생신고, 사망신고는 한 달
안에 빠짐없이'. 빼고 보태고 지금 남은 목숨의 별이 지
상엔 사천삼백칠만 육천사백육십팔, 지금은 단기 사천삼
백오십사년 3월 8일, 오늘은 끝자리 8이 쉬는 날이다.
텅빈 여의도 광장 너머 나도 쉬고 있다

걸프전이 끝났단다
마감뉴스에서
내일은 산성비가 오리란다
꿈을 꾸자
죽은 고기 떼들이 떠가는 샛강에서
꿈을 꾸자
지워진 아이들이 샛강에서 놀고 있다
검둥오리, 흰지빠귀 너희들도 꿈을 꾸자
마감뉴스는 브라운관 속에서 세상을 지우고
지워진 세상 밖으로 떠나는 아이들아
꿈을 꾸자
1991년 봄 그리운 것들이
너희들처럼 지워지는구나

너희들처럼 떠나는구나

우리들, 사랑이 불안하다
— 우리들이 망각해버린 것이야말로 어떤 존재를 가장 올바
르게 우리들에게 상기시키는 것이다.

M. 푸르스트《잃어버린 시간을 찾아서》중에서

내일 아침신문을 사들고 집으로 간다
밤 9시, 거리엔 비가 내린다
사람들이 아프다고, 아프다고 소리친다
음성 꽃동네에서 그녀가 죽었다고
소식이 왔다
상여꽃 한 아름 안고 떠나던 날
이름들이 실종자 명단에서 지워진다
세상은 특별 재해지역으로 묶였다
"깨어 있는 순간이 현재다"
"살아 있는 것이 기적이다"

콘크리트 더미 속 풀꽃들이
죽을 힘을 다해 꽃을 피운다
마감뉴스가 끝나도 잠이 오질 않는다
내일 아침신문을 덮었다
이 나라에선 사람들이
목숨을 걸고 잠을 잔다

불안하다, 깨어 있는 것이 불안하다

술이 불안하다, 담배가 불안하다
네가 불안하다
네 앞에서 무너질까 봐
내가 불안하다
눈을 뜨면
특별 재해지역을 벗어나
먼 바다로 떠나리라

스크린

비가 내린다
카미유 클로델의 정신병동
후박나무 한 그루
쓰러진 채 비를 맞고 서 있다
눈물 자국일까
얼굴 묻고 흐느끼는
무당새 한 마리
초겨울 안개비에 젖고 있다
"하늘을 조각하고 싶어요"
낡은 슬레이트 지붕 위에
얹힌 너의 하늘이
젖은 잎새처럼 떨고 있다

음성사서함으로 너에게 보낸다

요즈음 걸어서 다닙니다
가끔 사람을 만나러 갑니다
차를 버리고 집을 버리고
서울을 버리고
맨몸으로 사람을 찾아갑니다
태안군 소원면 파도리,
중섭을 닮은 사내를 만났습니다
자폐증인지 치매증인지 알 수는 없습니다
가끔씩 땅에 그림을 그립니다
돈황의 벽화같이도 보였습니다
파도리, 갈 수 없는 나라를
꿈꾸는 이들이 기약 없이 기다리는
마을입니다 파도소리,
아주 천천히
뱃고동 소리에
안개가 몰려옵니다
누군가 나를 그리워할 때까지
파도, 파도리에 있고 싶습니다

암사동 선사 주거지에서

길을 잃었을 때 네가 떠오른다
장마비에 새로 돋아난 풀꽃 하나
갈라진 세월의 틈에서
나라고 소리친다
―기억장치 속에 숨겨둔 비밀번호가
  이제야 생각났어
몇 년이나 되었을까
삭아내린 시간 속에서
되살아나는 빗살무늬들
아차산성 바위 밑에 다시
묻고 돌아간다
손톱무늬, 세모띠무늬, 무지개무늬, 문살무늬
6천 년 뒤 누가
이 빗살무늬 암호를
해독해낼 수 있을까

가을은 제 목소리로 울어야 합니다

얼마 전 돌아왔습니다
영일만 근처 수용포에서
혼을 부르는 오구굿
불빛과 불빛이
서로 부르다가 차례로 불을 끕니다
돌아오지 못한 수부들은
반딧불처럼 밤바다에서
가물거립니다

가을은 살아 있는 이들의 몫입니다
마포 나루터 밤섬 근처 10층 25호
잘못 따라온 귀뚜라미 한 마리
밤새 어둠 속에서 웁니다
새벽녘 혼자
이불을 끌어 덮었습니다
멀리 당신이 숨죽여 우는 소리가
수용포 파도소리보다
가까이 들려옵니다
귀뚜라미도 떠나간 이 텅 빈 시각에

공복

입동(立冬) 지나고
잎들은 어디로 떠났는지 몰라
밤 깊어 잠도 떠났고
갈대밭 쇠기러기처럼
혼자 깨어 서걱이는
찬 달빛 끝
낯선 길 하나 떠올라
너도 그렇게
막막한 겨울 속으로
떠날지 몰라

3

바람 기행시편

스님께 물었다

　미움이 시(詩)가 됩니까

— 미움도 시가 된다

　분노가 시가 됩니까

— 분노도 시가 된다

〈바람 기행시편(紀行詩篇) — 미친단풍〉 중에서

바람 기행시편(紀行詩篇)
― 미친단풍

스님께 물었다
  미움이 시(詩)가 됩니까
― 미움도 시가 된다
  분노가 시가 됩니까
― 분노도 시가 된다

미움 죽이려고 산으로 갔다
사철 붉은 단풍이
혼자서 불타고 있다
속명(俗名), 미친단풍
미움도 분노도 사철 붉으면
꽃이 된다, 시가 된다
사랑이 된다
화엄사(華嚴寺) 저녁볕에 더욱 붉은
너의 속기(俗氣)
온 산을 범하고도
또 뜨겁게 일어서지 않는가

바람 기행시편

― 대적전(大寂殿)

빈집에 빈 바람 잔다

며칠을 동행했다

너는 큰 고요를 품고,

대적전 뒤뜰

부처꽃과(科) 배롱나무 잔가지들

혼자서 간지러워 몸을 떤다

잎들이 진다

달빛에 배롱나무 흰 살결이

만져진다

어쩌려는가

무념무상(無念無想)

대적전에 누운 너의

아랫도리가 자지러진다

온몸이 새털구름 같다

바람 기행시편
— 천마총(天馬塚)

쪽샘 쌈밥집에 앉아 이름 없는 왕을 생각한다
띠풀은 시들고, 풀벌레들
빈집을 남겨놓고 떠났다
천마총 왕릉 곁에 묶여서
떠나지 못하는 목숨들
기약 없이 가을을 맞고 있다
하늘엔 영광, 땅 위엔 평화
골목마다 주님은 불을 밝히고
불빛 아래 불 밝힐 이름 하나 없이
지쳐 잠드는 쪽샘 여자들
귀뚜라미만 깨어서 운다
가을은
지워진 이름과 이름 사이
목숨 하나 비집고 살아가는 것들을
울게 하는가
황남동 대릉원 문화재 보존지구
눈물도 별이 되어 천 년 잠들면
네 곁을 무심히 지나는
바람이 될까

바람 기행시편
— 궁촌리(宮村里)에서 일박

비운(悲運)의 왕은 두 개의 무덤을 가졌다
경기도 고양군 원당읍 원당리 공양왕 고릉,
강원도 삼척군 근덕면 궁촌리 고려왕릉,
청량리에서 기차를 타고 밤새 굴 속을 달렸다
사북, 고한, 태백, 도계, 삼척
폐광촌이 공양왕처럼 슬프게 잠들어 있다
궁촌리 사람들도 슬픈 왕의 영혼을
껴안고 잠들어 있다
TV가 '역사는 청산돼야 한다' 고 외쳐대던 그 밤
나도 잠이 들었다
꿈 속에서 왕의 무덤 속을 보았다
왕은 보이지 않았다
— 내 무덤을 여는 자는
  또 하나의 무덤을 보게 되리라
놀라 깨었다
천기누설이다
밤새 고려왕릉을 폭설이 덮어버렸다
사랑도 역사도 불가사의다
 진실이란 한 사람의 주검이 만든 두 개의 무덤 같은 것
이다

청산할 수 없는 내 사랑
그 곁에 묻어두고 돌아왔다
내 슬픈 사랑도
두 개의 무덤을 가질 수 있을까
빈 무덤 하나 소문처럼 남겨두고
올벗나무 꽃필 때쯤 문득 부활할 수 있을까

바람 기행시편
— 방울과 칼

남명(南冥)은 평생 방울과 칼을 몸에 지니고 살았다
걸을 때마다 방울소리가 났다
사람들은 보지 못했다
— 마음이 밝은 것이 경(敬)이요,
  밖으로 과단성 있는 것이 의(義)다
품 속에 숨겨둔 칼을 보았다
방울이 잠들어 있는 밤
달빛에 퍼렇게 일어서는 말의 칼을
나는 보았다

운주사(雲住寺) 부부와불(夫婦臥佛) 곁에서
네가 숨죽여 울던 밤
눈물에 녹이 슨 또 하나의 칼을 보았다
그것을 이제껏 나는
사랑이라고 믿었다, 시(詩)라고 믿었다
나의 불경(不敬)이여, 나의 치졸이여

바람 기행시편
— 하산

연천봉 넘어 동학사 가는 길
저녁빛에 떠밀려 산을 넘는다
누군가 등 뒤에서 말을 건넨다
서둘러 떠나야 해
땅거미가 그림자를 지우기 전에
산을 넘어야지
뒤처진 그림자 대숲에 주저앉아
두런거린다
산을 넘는 것, 그림자 하나 던지고
또 하나의 그림자를 얻는 것,
징검다리를 건넌다
내가 발딛고 건널 수 있는 징검돌은
그러나 한 번에 하나뿐이야
역광 속에서 억새꽃들이 빛난다
죽어서 빛나는 것들
저물녘에 빛나지 않는 목숨이
어디 있으랴
겨울녘 사랑으로 울지 않는 삶이
어디 있으랴
서둘러 오리나무 숲 어둠 속으로 나는 발을 옮긴다

바람 기행시편
— 제주바당

제주 소리꾼을 찾아
일주도로를 달렸다
조천, 김영, 구좌,
종달바다에서 가마우지를 만났다
백령도에서 만난 그 가마우지다
사리 때엔 물빛이 좋다고 했다
사람들이 떠난 뒤 바다는
제 빛을 내는 걸까
탑동 방파제 근처
하룻밤
91년 11월 3일
광란의 밤, 그 자리다
백령도보다 먼 곳으로 떠난
월언이가 보고 싶어진다

바람 기행시편
― 계룡산 아래

산은 가득하고
집은 비어 있다
혼자라는 것이 편안해질 때까지
집을 비우리라
우린 만난 적이 없는 사람처럼
낯설겠지
색(色) 즉(卽) 시(是) 공(空)
공(空) 즉(卽) 시(是) 색(色)
― 진실이 없다는 것을 안 지금
　모든 게 진실이다

바람 기행시편
— 1997년 겨울

종묘공원 앞에서 코와 입을 막고 울었다
사람들은 고개 숙이고,
눈물 짓지 않기 위해 지하철을 탔다
청량리역 통일호 밤 11시 동해행
어둠을 향해, 독가스를 향해 손을 흔들었다
망상역에서 일출을 보리라
힘을 빼고 바다를 보면
너의 알몸이 보인다
한나절 온몸에 힘을 빼고
파도처럼 흔들린다
해지는 바다는
네 시처럼 눈물이 솟는다
코와 입을 막고 바다처럼 울었다
탕아처럼 너에게로 돌아가고 싶다
동해역 무궁화호 밤 11시 반 서울행
돌아가 너의 냉담을 풀리라

바람 기행시편
― 눈밭에서

해를 넘기고 눈밭을 간다
철당간 지주 끼고 돌아
대숲 속 대적전
큰 고요가 대숲을 흔든다
졸참나무, 때죽나무, 풍게나무, 층층나무,
너희들만이 제 속을 보여주는구나
해는 지고 물소리만 가득하다
버리면 가벼워질까
지우면 저렇게 가물거릴까
쌀개봉 넘어 은선산장 가는 길
차갑게 별빛 흔들리고
등 뒤에서 소리친다
불빛따라 돌아가라고
불빛 곁으로 돌아가라고

바람 기행시편
— 훈련소 곁을 지나며

집을 버리면 길이 보인다
호남길 접어들어
논산훈련소 곁을 지난다
희끗희끗 봄눈
담장 밑에 웅크려 앉아 있고
아들아, 너는 저 눈밭을 뛰겠지
잠시 멈췄다 가리라
기웃기웃 해는 진다
너희는 모여서 훈련을 받고
나는 헤어져 혼자 떠난다
호남길 어둠 속에서
미루나무들 열을 지어 손을 흔든다
슬픔도 견디면 약이 되리라
어둠 헤쳐 길을 내며 남(南)으로 간다
차창에 매달려 바람이 운다
산모롱이 돌아서 내가 운다

바람 기행시편
— 바람아래

집을 버리면 세상이 보이는가
물때를 가려 갯벌로 나갔다
낮게 너울이 밀려오는
지금은 조금때
먼 바다엔 파랑주의보가 떴다
날갯죽지 젖은 찌르레기는
모감주나무 숲에서 운다
서해 끝 안면도 바람아래
소금밭을 걸어 여기까지 왔다
잡히지 않는 막막함 위로
바람의 길들이 지워진다
바람아래 바람의 빈집에 누우면
어둠 속에서 돌뿌리처럼
너울바람이 솟는다
집을 버리면 세상이 보이고
나를 버리면 돌개바람 같은 네가 보인다

4

왕촌일기

그리운 날은 밤에만 온다

밤에만 날아와

화살도 없이 꽂힌다

그리운 날이

쇠를 먹듯 나를 먹는다

밤꽃 피는 오뉴월

이제야 와서 나를 죽인다

〈왕촌일기 3〉 전문

왕촌일기(旺村日記) 1

3분의 1쯤은 왕촌(旺村)에서 산다
3분의 1쯤 잊고
3분의 1쯤 버리고
남은 것으로 산다
저녁 어스름
다슬기 속을 빼먹는 것이 좋다
떠난 사람들, 멀어진 사람들이
땅거미진 뒤 켜지는
알전구같이 아련하다
더욱 아련해지기 위하여
떠나는 연습을 하는 거야
헤어지는 연습을 하는 거야
내게 주어진 3분의 1쯤의
이 적적함
혼자 있는 시간만이
나를 사람 같게 한다

왕촌일기 2

누가 빈집에 와서
술 한 잔 부어놓고 갔나
민들레 홀씨 날아와
혼자 취해 있다
시계 반대 방향으로
망주리 잔은 돌고
취했다 깨어나도
잔은 그 자리에 있다
민들레 홀씨 보송보송
솜털 날리는 하늘 그 아래
세상도
망주리 잔처럼 돌고 있구나

왕촌일기 3

그리운 날은 밤에만 온다
밤에만 날아와
화살도 없이 꽂힌다
그리운 날이
쇠를 먹듯 나를 먹는다
밤꽃 피는 오뉴월
이제야 와서 나를 죽인다

왕촌일기 4

이름 모를 풀을 뽑으면
네 이름도 딸려 나온다
숨겨둔 이름을 캐내
어디에 옮겨 묻으랴
풀물이 들도록 주저앉아
하늘을 본다
혹뿌리박테리아가
나를 휘감는다

왕촌일기 5

두려워 말라
빈 산에 누워
빛 하나, 눈물 하나
헤일밥이 떴다
빛도 눈물도 잠시뿐이다
꿈이 세월이다
아침이면 빈 밧줄뿐

왕촌일기 6

계룡산 아래 금요일 밤
밤새 기침을 했다
불기보다 한기가 온몸에 감겨온다
담요 한 장에 몸을 의지하고
앉았다 누웠다
겨울이 온다는 것을 잊은 탓이야
아침 일찍 장터에 나갔다
이불 한 채 이만 오천 원, 베개 한 개 오천 원
그릇도 몇 개 샀다
부르스타도 있어야지
기침약을 여러 번 마셨다
어릴 때 마셨던 그 약이야
회충약을 먹고 난 뒤 바라보던
그 하늘이야
동네 개들이 따라 짖는다
너희도 이제 자야지
강아지풀 제풀에 누워 시들고
별들, 물사마귀, 귀뚜라미……
세상에 메말라서 아름다운 것들
마지막이 아름다운 것들만이

아름답구나

왕촌일기 7

벽을 타고 내려온 빗물이
녹슨 못 둘레를 맴돌다
벽 속으로 스며드는 것을 본다
얼룩얼룩 눈물 자국
퍼런 녹물이 번져간,
참회하라
한 장 손수건으로 피멍을
가릴 수 있으랴
실핏줄이 맞닿는 듯
가슴이 아려온다
밤새 벽을 타고 내려와
틈 사이로 박히는 빗소리
용서하라
어둠 속에서 반란하는
못 자국을
오늘은 지울 수가 없다

왕촌일기 8

노을이 날 끼고 돈다
한나절 저물고
저녁 산그늘 내리기 전
스멀스멀 겨울 어스름이 감겨온다
어서 오너라
빈집 가득 몰려오는
어둠의 세포들아
까맣게 지워지며 별이 되는
먼 사람아
가물가물 흐려지는 눈끝에
너는 우는 듯 깜박이고 있구나
등 뒤엔 찬바람
아직도 너는 그렇게
문밖에 서 있구나

왕촌일기 9

갑사(甲寺)에서
대추나무 염주를 얻었다
잠들지 않는 마음 지우려고
떠나보낸 사람 흘려보내려고
108염주를 굴렸다
빈 뜰엔 달빛이 구르고 있다
혼자서도 잘도 구른다
108번 구르면
달빛에 마음 비울 수가 있을까
구를수록 커져가는 마음 하나
굴릴수록 걸리는 마음 하나
무엇으로 지울 수 있으랴
무엇으로 자를 수 있으랴

5

떠나는 법, 떠나보내는 법

그대는

섬처럼 남아 있고

바다안개 자욱이 몰려와

길을 막는다

떠나지 말라고

〈대관령에서〉 중에서

말

모습을 드러낸 감옥은 감옥이 아니듯
마음 드러낸 사랑은
이미 사랑이 아니다
내 사랑의 말은
마른 가지 끝에 잠드는
아픈 이파리들의 수화(手話)다
찬 손으로 켜는 뜨거운 불이다
아직 생겨나지 않은 슬픔과
이제 막 태어나려는 꿈을 위해
기약 없이 준비하는
사랑의 말이다

지난 가을 이틀 동안
— 전(田) 시인이 떠나던 날

1
술을 마시다 죽은 친구의 곁에서
술을 마시며 밤을 새웠다

달빛과 함께
술잔 위에 떠오르다 지는
친구의 얼굴,
바람이 눈물 자국을 지우고
어디론지 떠난다

빈 잔엔 가득
사십대의 허망함만이 고이고
용산역 뒷골목의 빛바랜 달이
하룻밤을 동행했다
창마다 불을 켠 기차들이
먼 기억의 들녘을 가로질러
사라지는 것을
물끄러미 지켜보며
모두가 시시한 장난 같은
밤도 그렇게 끝을 냈다

2
—왜,
　우린

　술을 마셔야 하는가?
　술은,
　마신다는 것은,
　무엇을,
　누구를,
　마시는 것일까?

물음 같지도 않은 물음으로
세상은 다시 한 번 밝아오고
거리엔 잎들이 쓸쓸히 진다
화면 가득
내장산 단풍도
황홀하게 지고 있다

눈물 어린 눈으로 바라보던
어제와

눈물을 닦고 바라보는
오늘이
저승과 이승처럼 까마득하고
낯설기만 한데,

죽은 자도
산 자도
함께 고독한 이 가을의 끝에서
세상은 다시 한 번 어두워진다
우린
막막하게 깊어가는 가을밤을
이렇게, 또, 맞는 것일까

시인학교소사(詩人學校小史) 1
— 누군가 울었다

초등학교 마룻바닥에 앉아
시를 얘기했다
구멍 뚫린 마룻바닥에 앉아
인생을 얘기했다
묶인 목선(木船)들은 몸을 비비고
삐걱이는 마룻바닥에 앉아
사랑을 얘기했다
거기쯤에서 누군가 울었다
황(黃) 시인 앞에 얼굴을 묻고
박용래(朴龍來) 시인처럼 울었다
— 어디 유치한 사랑, 해보지 않은 사람
  손들어보시오
상처 난 사랑 한 조각씩 꺼내
시를 짓는 1979년의 구룡포(九龍浦)
눈물은 모래알처럼 빛났다

시인학교소사 2
— 나도 울었다

김광림(金光林) 시인이 신발을 잃었다
달웅 형도 신발을 잃었다
먼저 떠난 시인이 바꿔 신고 간 신발
초등학교 추녀 밑에 젖고 있는 신발은
빗물을 타고 구룡포(九龍浦) 앞바다로 떠났다
바다로 떠난 시인의 신발 하나 남겨두고
우리는 떠났다
무중력 상태의 5박 6일
헤어져 돌아오는 길, 나도 울었다
사람 그리운 세상에 눈물나는 시인학교
진부한 사랑도
아름다운 시가 되었다

절망록(絶望錄)

묶여서 잠든 폐선에 앉아
절망에 관해 이야기했다
―절망은 회의주의자의 성
  절망은 그 너머에서 몰려오는
  산성 안개비
울고 있는 밤바다
울고 있는 바람
―아름다운 나라에 이르기 위해
  절망은 벼랑에 둥지를 튼다

유년 시대(幼年時代) 1
— 미나리꽝

어린 시절 친구들아
벌청소를 하고
토끼뜀을 뛰던 친구들아
너희들은 보이지 않고
겨울나무들 그때처럼
아직도 손을 들고 서 있다
우리들의 심심했던 날
강가로 나와
노을처럼 붉어진 아랫도리를 하고
건너던 얼음장
지금 우리가 건너는
살얼음판 같았을까
얼음장에 잠긴 겨울 미나리들
지금 우리 어린 것들처럼
그렇게 거기 서 있을까

유년 시대 2
— 간이역(簡易驛)

하루에 한두 번
장항선 기차가 잠시 쉬어가는 곳
간치,
새벽차에 아버지를 떠나보내고
넋 없이 철로에서 바라보던 산모롱이
지금 내가 피워대는 담배연기
그 하늘가에 걸려 있고
비 오는 날이면
가까이 울려오던 물먹은 기적소리
떠나는 사람들의 젖은 어깨 너머로
어리는 안개비
밤 11시 20분
상행열차를 기다리는 간이역
떠나는 법
떠나보내는 법
'떠나보면 알 거야'

유년 시대 3
— 콩새

아이들아,
가물거리는 것이 보이느냐
들녘 끝 아지랑이 몰려와
지워지는 숲
부끄러워 몸을 가리는
숲이 보이느냐
흐드러지게 피었다 지는 들꽃
꽃들이 진 자리에
붉어진 열매가 보이느냐

누가 보았느냐
아이들아
어린 시절 그 숲속에서
놓쳐버린 콩새 한 마리
깃털 보드라운 어린 새
누가 보았느냐

지금 황사바람 부는 5월의 하늘
잠이 없는 밤
꿈의 하늘에

나는 밤마다 콩새를 만난다

소래(蘇來)에서

흐린 저녁
너에게로 가는 길이 막막하다
어둠이 길을 묻고
눈발은 시린 이마에서 희끗거린다

춥다,
길을 버리고
너에게로 가는 길은
춥고 어둡다

노을 속으로 잠기는
수인선(水仁線) 협궤열차
너에게로 갈 수 있다면,
세상의 길을 버리고
벼랑으로 가리라
흐린 저녁 마른 풀잎 누이며
너에게로 가리라

너에게로 가고 싶다

흐린 저녁 눈이 내린다
보고 싶은 마음 죽이려고
너의 시를 읽는다
사람들은 불빛 하나로 근심하고
막막한 밤이 온다
모자를 눌러 쓰고
너에게로 가리라
추운 발로 가리라

냉담자에게

돌아갈 길이 막막하다
모랫바람은 밤새 울고
소리치며 무너진다
덧없는 시간의 알몸이여
몸을 풀고
너에게로 가리라
냉담을 풀고
너에게로 가리라

어떤 봄날

손을 잡았다
하루가 지났다
뜬눈으로 밤을 새웠다
동학사(東鶴寺)엔 벚꽃이 지고 있다
—너에게로 가고 싶다
손을 놓고 돌아서는
대전역 광장
—사랑한다는 것은
　철길에서 굴을 만나는 거예요
상행선 밤 11시
굴 속에서
어둠 속에서
손을 흔들었다

대학로의 광인(狂人)

차가 다니지 않는 거리에서
그는 춤을 춘다
사람들은 빛나는 기도로
주(主)를 찬미하고
그는 그 곁에서 파계승의 춤을 춘다

어느 사월이었던가
이 거리의 주인이었던 그
빛나는 시대는 가고
쓸쓸한 변신 뒤에 어리는
슬픈 역광(逆光)
심심한 사람들의 그림자에도
잔광(殘光)이 어린다

어디로 갔을까

구경거리가 없는 거리의
휴일도 저물고
대학병동에 불이 켜질 무렵
그는 어디로 갔을까

“신(神)을 만나러 갔어요”

대관령에서

뒤돌아보면
두고 온 바다
소리치며 쫓아온다
떠나지 말라고
그대는
섬처럼 남아 있고
바다안개 자욱이 몰려와
길을 막는다
떠나지 말라고

삶의 성찰과 우수를 달래는 방법

이기철(시인 · 영남대 교수)

1

그의 시(詩)대로, '상처 난 사랑 한 조각씩 꺼내 시를 짓는 1979년의 구룡포(九龍浦)'에서 나는 이명수 씨를 처음 만났다. 그러니까 지금으로부터 19년 전 여름의 일이다. 19년이란 짧은 세월도 아니고 그와 나눈 인정과 대화도 여린 것은 아니어서 나는 그후, 간혹 해변시인학교에 갈 때마다 이명수, 한광구, 윤강로 등을 만나곤 했다. 그런 인정들은 그들을 안 뒤 지금까지 시를 쓰는 사람으로서 다른 무엇과도 바꿀 수 없는 귀한 인연이라는 것을 나는 늘 생각하고 있다.

해변 시인학교를 기억하는 사람이라면 누구나 할 것 없이 그 특유의 유머감각과 재치를 휘두르는 이명수 씨의 명사회 솜씨와 일호의 차착도 용서하지 않는 행사 진

행 기술을 기억할 것인데, 나는 지금도 이런 이명수 씨의
모습을 바라보면 자족함과 흐뭇함을 이기지 못한다.

그러나 나는 이명수 씨가 그러한 재능과 부지런함을
그 뒤 시작(詩作)이 아닌 다른 일들에 더 많이 빼앗기는
것을 보고 적이 안쓰럽게 생각하기도 했다. 하지만 사십
이 넘고 오십이 되면서부터는 누구나 부여된 삶의 고리
들을 쉽사리 끊어버릴 수 있는 게 아닌 한, 설령 한 시인
이 시작 외의 다른 일에 잠시 몸 바치는 일이 있다 손 치
더라도 어찌 그것을 세속적인 일이라고 나무랄 수 있겠
는가 하는 생각에 젖기도 한다.

다행히, 비교적 드문 만남이긴 하지만 그를 만날 때마
다 내가 느끼는 인상은, 그러한 번잡한 세사(世事)들에
대해 괴로워하기보다는 즐겁게 맞닥뜨리고 쉬이 해결해
나가는 수완을 지닌 듯했다. 게다가 괴로움보다 즐겁게
해결할 수 있다는 것은 그가 시작 외의 세간의 일에도 탁
월한 재능을 지녔음에 틀림없다는 나 나름대로의 해석을
내리기도 한다.

그러나 그는, 나나 그를 지켜보는 다른 사람들이 불안
하게 생각할 정도로 시작에 나태하고 게으른 것은 아니
다. 이미 그는 첫 시집 《공한지(空閑地)》와 두 번째 시집
《흔들리는 도시에 밤이 내리고》를 낸 바 있고, 다시 이번
에 세 번째 시집 《등을 돌리면 그리운 날들》을 상재하기
때문이다. 어차피 시작(詩作)만으로 생을 영위하는 수단
이 되기가 어려울진대 시집을 많이 갖는다는 것이 무슨

특별한 의미가 있겠는가? 다만 시를 잊지 않고 시를 사랑하며 생활 가운데 흐르는 면면한 정서를 그때그때 시로 쓸 수 있는 마음의 준비만 되어 있다면 작품의 다과(多寡)야 무슨 험과 정점(頂點)의 기준이 되겠는가? 그리고 그가 세간의 일들에 분주한 것이 결코 시작을 위해 해(害)가 되는 것이 아님을, 그러한 세간의 일들에서 오히려 시의 근원을 발견하고 시심을 꽃피우는 것임을 이번의 원고를 읽으면서 느꼈다.

2

나는 이명수 씨의 이번 시집《등을 돌리면 그리운 날들》의 원고를 읽으면서 아래와 같은 두 편의 시를 발견한다.

공산성(公山城), 그 자리에 앉아 생각한다
쥐똥나무 가지 끝 어른거리는
물빛 사이
30년을 돌아와 다시 생각한다
아픈 자국 굽이굽이
지난날 역경이 무엇이었던가
연미산 시린 달빛이 내려와
묻는다
하나 둘씩 쌓아올린 것들이

무엇이었던가
곰나루 저녁 바람이
등을 어루만지며 묻는다
행복해지기 위해
떠나보낸 것들이 무엇이었던가
오늘은 얼어붙은 백제 땅
한 끝에 앉아
묻고 또 묻는다
내가 여기에 남겨둔 것은
무엇이었던가
캄캄한 밤의 노래
그것은 남루한 꿈으로 엮은
사랑의 말이다
한 생애가 놀빛으로 흔들리는
이 강가에서 다시 불러볼
너의 이름이다

〈공주(公州)에 남겨둔 꿈〉 전문

입동(立冬) 지나고
잎들은 어디로 떠났는지 몰라
밤 깊어 잠도 떠났고
갈대밭 쇠기러기처럼
혼자 깨어 서걱이는
찬 달빛 끝

낯선 길 하나 떠올라
너도 그렇게
막막한 겨울 속으로
떠날지 몰라

〈공복〉 전문

위의 두 시는 그리움의 정서를 깔고 있다는 점에서 비
슷하게 읽힌다. 페이소스(pathos)라고 할 수 있는 비애
의 정서가 읽는 사람의 가슴을 안개처럼 덮는다. 형태와
어법이 조금 다르긴 하나 대상을 바라보는 시선이 따뜻
하고, 전달하고자 하는 정서가 애조를 띠고 있다. 그러나
전자는 고향에 와서의 회고적 정취를 말하는 시고, 후자
는 사람에 대한 그리움과 사랑을 말하려는 시다.

내가 이 두 시를 대비적으로 선행시킨 것은 이 두 편의
시가 이번 시집 전체의 큰 흐름을 읽을 수 있게 하는 작
품으로 보이기 때문이다. 그 두 가지 흐름이 이번 시집의
주류가 될 만한 성질은, 하나는 삶에 대한 회의와 반성이
고 다른 하나는 근원적 삶과 사람 그리움의 정서라는 점
이다.

누군들 자신의 삶에 대해 한 점의 회의도 없는 사람이
있을까마는 이 시를 통해서 볼 때 이명수 씨의 그것은 공
간적으로는 공주라는 지역에 와서 맞게 되는 회의이다.
공주는 다름아닌 이명수 씨의 고향이다. 시의 제목 〈공
주(公州)에 남겨둔 꿈〉처럼 시인은 서른 해를 고향을 떠

나 살다가 느지막이 고향에 왔을 때 느끼는 감정을 정회(情懷)어린 마음으로 노래하고 있다. 그러기에 제목도 고향에 남겨둔 꿈이다.

'쥐똥나무 가지 끝 어른거리는 / 물빛 사이 / 30년을 돌아와 다시 생각한다 / 아픈 자국 굽이굽이 / 지난날 역정이 무엇이었던가 / (중략) / 오늘은 얼어붙은 백제 땅 / 한 끝에 앉아 / 묻고 또 묻는다 / 내가 여기에 남겨둔 것은 / 무엇이었던가 / 캄캄한 밤의 노래 / 그것은 남루한 꿈으로 엮은 / 사랑의 말이다 / 한 생애가 놀빛으로 흔들리는 / 이 강가에서 다시 불러볼 / 너의 이름이다' 와 같은 시행은 바로 그러한 정회를 페이소스에 담아 전달하고 있는 구절이다.

공산성, 곰나루, 연미산과 같은 지명이 주는 감동과 정감은 그곳이 고향인 사람에게는 단순한 이름의 의미를 넘어 더 크고 넓은 호소력으로 다가설 것이다. 그러면서도 이 시는 30년을 떠돌다 돌아온 고향에서, 비로소 자신의 삶을 돌이켜 생각하고 성찰하는 겸허와 미덕을 보여준다. 유년의 얼굴이 코스모스처럼 남아 있는 고향과, 고향에 돌아와서 맞는 회고적 정취가 유독 이명수 씨에게서만 유발되는 감정은 아닐 것이다.

그러나 이 시의 경우, 구절마다 되풀이되는 아픈 자성과 스스로에게 가하는 마음의 채찍이 시를 읽는 사람으로 하여금 잃어버린 자성과 삶에의 점검을 하도록 가르친다. 그런 만큼 우리들은 적어도 자기의 삶에서만은 솔

직하고 진실해져야 함을 이 시를 읽으면서 새삼 느낀다.

그러한 자기 성찰은 〈공복〉에서도 마찬가지이다. 특히 다음과 같은 구절, '갈대밭 쇠기러기처럼 / 혼자 깨어 서걱이는 / 찬 달빛 끝 / 낯선 길 하나 떠올라 / 너도 그렇게 / 막막한 겨울 속으로 / 떠날지 몰라'에서는 시리고 아픈 비애마저 느끼게 한다.

세상을 알고 난 뒤 우리들은 얼마나 많은 밤들을 세상사에 시달리며 '혼자 깨어 서걱이는' 밤을 맞고 보냈던가? 그리고 그것이 생의 위기이면서 동시에 생의 인력과 힘이 된다는 사실을 아는 데까지는 또한 얼마나 많은 시간이 필요했던가? 그러기에 내게는 이 시들이 이명수 씨 삶의 가장 내밀하고 아픈 고백처럼 들리며, 그러기에 이러한 내면적인 성찰이 이제 지천명을 넘긴 나이에 더욱 소중한 결실로 맺힐 것을 바란다.

시라는 양식은 사람의 정신 유형 가운데 가장 독특하고 향기 있는 유형이지만, 그렇다고 시가 스스로의 인생을 뛰어넘을 수 있는 것은 아니다. 그러니까 시는 자기 인생의 고백이고 발자취이다. 남이 산 삶을 자기 시의 소재로 삼을 수는 있지만 자기 삶의 노래는 될 수 없는 것이다. 더욱이 우리에게 소중한 것은 한 편의 시가 얼마나 수작이냐 아니냐 하는 것보다도 그 시가 얼마나 자기 생의 진실을 반영했느냐 아니냐 하는 것에 있다.

스스로에게 충실하고 스스로에게 진실하다면 그 시는

만인의 가슴을 적실 수 있는 좋은 시일 수밖에 없다. 발레리(Valéry)의 사색과 명징한 삶에의 희구도, 보들레르(Baudelaire)의 명정(酩酊)과 아편, 포(Poe)의 광기와 자학도 스스로가 택한 삶의 방식이고 자기 인생이다.

명정과 광기를 도덕적 기준으로 재단하고 비난하는 것은 지극히 상식적이고 일반론적인 것일 뿐 그 사람의 삶을 살아보지 않은 사람으로서는 그 같은 일반론으로 재단하고 평가할 수 없다. 그들에게는 그러한 삶을 살 수밖에 없는 남 모르는 아픔과 필연성이 있었을 것이기 때문이다.

이명수 씨의 이번 시들을 읽으면서 나는 이 같은 생각을 하게 되었는데 그런 생각은 특히 '독거미는 독(毒)을 먹고 산다 / 마음 자르는 비수 하나 / 품고 산다' 〈독(毒)〉, '사십대의 막막함이 / 소금꽃으로 피어오르고' 〈안현포구〉, '빈 산에 혼자 남아 / 달빛에 젖고 있는 지금 / 나도 울었다 / 사람 때문에 / 상처 때문에' 〈타박네야〉, '노래 한 소절 불러도 / 목이 메는 이 강가에 앉아 / 누구에게 물어보랴 / 사는 일이 막막한 그 까닭을' 〈가을 울렁증〉, 같은 시행은 읽는 동안 줄곧 나를 움켜잡고 있는 모종의 힘이었다.

그러니까 발레리는 발레리대로의 어쩔 수 없는 삶이 있었고 보들레르와 포는 그들 나름대로의 어쩔 수 없는 삶이 있었으며 이명수 씨는 그대로 어쩔 수 없는 삶이 있을 것이라는 것이다. 그러한 어쩔 수 없는 삶을, 그가 시인인 한 다른 양식을 택하지 않고 시로 토로하고 호소할 수밖에 없다는 것이다.

내가 아는 한 이명수 씨는 민속학 분야에 남다른 관심을 갖고 많은 곳을 여행하고 있는데, 이번 시집에서는 그의 여행체험들이 시집의 주류를 이루고 있을 만큼 많은 분량을 차지하고 있다. 그래서 그는 〈바람 기행시편〉에서 '집을 버리면 길이 보인다'고 말하고 있다. 경구처럼 들리는 이 말은 틀림없이 그의 체험에서 우러나온 말일 것이고, 이런 체험을 해보지 않은 사람들로서는 알 수 없는 발상일 것이다. 거기다 그는 '슬픔도 견디면 약이 되'는 것이라고 말한다. 그것은 스스로에게 주는 위안이면서 동시에 읽는 이에게 던지는 경구이기도 하다.

그러기에 제3부, 12편을 모두 기행시편으로 꾸미고 있다. 대적전(大寂殿), 천마총, 궁촌리(宮村里), 제주바당, 계룡산, 훈련소가 이 시편들에 등장하는 지명들이고 안동, 길안, 공주, 문경, 점촌, 가은 등이 그가 직접 답사하고 방문한 기행지들이다. 그러나 중요한 것은 그는 생활의 방편으로, 밥먹고 사는 일로 그런 곳을 답사하고 기행하면서도 그의 의식 속에는 항상 스스로가 시인이라는, 스스로는 시를 쓰지 않으면 안 된다는, 시에 대한 생각을 놓쳐버린 일이 없다는 것이다. 그런 면들은 시의 곳곳에서 발견되고, 또한 그의 기행시편들은 그런 면모의 전부를 반영할 것이라 할 만하다.

미움 죽이려고 산으로 갔다
……

미움도 분노도 사철 붉으면
꽃이 된다, 시가 된다
〈미친단풍〉 부분

운주사(雲住寺) 부부와불(夫婦臥佛) 곁에서
네가 숨죽여 울던 밤
눈물에 녹이 슨 또 하나의 칼을 보았다
그것을 이제껏 나는
사랑이라고 믿었다, 시(詩)라고 믿었다
〈방울과 칼〉 부분

힘을 빼고 바다를 보면
너의 알몸이 보인다
……

해지는 바다는
네 시처럼 눈물이 솟는다
〈1997년 겨울〉 부분

'미움도 분노도 사철 붉으면 시가 된다' 든지, '눈물에 녹이 슨 칼, 그것을 시라고 믿었다' 든지, 강원도 망상역에서 일출을 보거나 일몰을 보며 슬픈 시처럼 눈물이 솟구치는 감정들은 작위로 닿을 수 있는 감정이 아니고, 그의 의식 속에는 항상 시를 사랑하고 시를 써야 한다는 생각이 충일하고 있다는 증거이기도 하다.

　언제나 그렇듯이, 찾으면 찾을수록 멀리 있다가도 잊고 있으면 은연중에 찾아오는 것이 시 아닌가. 그것은 기실 잊고 있었던 것이 아니고 마음의 가장 깊은 곳에 항상 시를 써야 한다는 운명 같은 마음 하나를 비장하고 있었다는 증거 아닌가. 시를 위한 여행이 아니더라도 세간의 일로 여행한 흔적들이 시가 되어 나타난다는 것은 그 시인의 시의 자산일 수 있다. 더욱이 이명수 씨의 경우는 그러한 흔적이 시에 승화되어 있는 것을 발견할 수 있어서 반갑다.

　　영산홍 꽃그늘 아래서
　　안성약주를 마셨다
　　김 시인의 잘려나간
　　다리에 관해, 시에 관해
　　애기를 했다
　　'몸으로 시를 쓰는 것은 아니잖아'
　　봄밤이 깊어지도록 술을 마셨다
　　'시의 밑천은 눈물이고 슬픔이잖아'
　　마음이 아팠다
　　　　　　〈섬불 맞은 사슴은 울러보내라〉 부분

　　강아지풀 제풀에 누워 시들고

별들, 물사마귀, 귀뚜라미……
세상에 메말라서 아름다운 것들
마지막이 아름다운 것들만이
아름답구나

〈왕촌일기 6〉 부분

위와 같은 시행들은 이명수 씨 시의 근원이 이웃에 대한 끝없는 동정과 사물에 대한 섬세한 관찰에 있으며 동시에 크고 높은 목소리보다 잔잔한 아름다움의 묘사에 있음을 말해준다. 사람과 사람에 대한 인인애(隣人愛), 사물에 대한 섬세한 관찰, 그것보다 시에 있어서의 필요한 덕목이 또 어디 있겠는가?

이제 이명수 씨에게 남은 지인(知人)으로서의 바람은, 그가 보다 더 탁마하는 시인이 되고 시의 삶으로써 깊어지는 시인이 되는 것이다. 그러나 그러한 바람을 앞질러 그는 그런 시인이었고 앞으로 그런 시인으로 지인들의 곁에 우뚝 설 것이다.

등을 돌리면 그리운 날들

첫판 1쇄 펴낸날 · 1998년 1월 10일

지은이 · 이명수
펴낸이 · 김혜경
편집주간 · 김학원
기획실 · 김수진 조영희
편집부 · 한예원 김선경 임미영
디자인 · 김진 강민구
영업부 · 이동흔 엄현진
제 작 · 김영회
관리부 · 권혁관 임옥희 우지숙

펴낸곳 · 도서출판 푸른숲
출판등록 · 1988년 9월 24일 제 11-27호
주소 · 서울시 서대문구 충정로 3가 270
        푸른숲 빌딩 4층, 우편번호 120-013
전화 · (기획실) 362-4457~8 (편집부) 364-8666
        (영업부) 364-7871~3
팩시밀리 · 364-7874

값 5,000원
ISBN 89-7184-184-2   03810